ヒントがいっぱい

よくわかる、心にひびく、はじめの一歩

保育入門テキスト

はじめに

　子どもが好きなあなた、人とかかわるのが好きなあなた、「誰かの役に立っているという実感がある仕事がしたい」「専門的な資格をとって社会に出たい」と思っているあなた、《保育》という進路を考えてみませんか？

　このテキストでは、保育者の仕事内容と保育者になるために必要な勉強のエッセンスを紹介しています。このテキストは順序だてた構成になっています。Chapter 1 から Chapter 9 まで学ぶことにより、保育者になる学校でどのようなことを学んでいくのかがわかるでしょう。しかし一方で、それぞれの Chapter は、独立した内容でもあります。したがって、あなたの好きなところから学び始めても大丈夫です。

　保育者になったあなたは、どんなふうに子どもたちとの心の絆を結びますか？　子どもと一緒に、何かを楽しく作りましょうか？　大きな声で歌を歌ってみましょうか？　体を思いきり動かして遊びましょうか？　絵本を読んで主人公になりきりましょうか？　そして、保護者への支援も保育者の仕事です。このすべてが、専門的な知識と技術を発揮する機会となります。保育者へのはじめの一歩を、私たちと一緒に踏み出しましょう。

　　　　　　　　　　　　　　　　　　　　　　　小田原短期大学　執筆者一同

目次

保育入門講座　保育者になるために知っておきたいこと、体験したいこと

Chapter 1 「仕事としての保育」 ……………………………… 6
「保育」の仕事とは？

Chapter 2 「造形あそび」 ……………………………………… 10
子どもはみんな、個性あふれる芸術家！

Chapter 3 「運動あそび」 ……………………………………… 14
体を使って遊ぼう

Chapter 4 「音楽あそび」 ……………………………………… 18
音で遊べば、心もはずむ

Chapter 5 「絵本や物語と子どもの世界」 ………………… 22
絵本の「絵」を読んでみよう

Chapter 6 「子どもの心の発達」 …………………………… 26
おとなの関わりは子どもの心にどんな影響を与えるの？

Chapter 7 「子どもと生活」 ………………………………… 30
子どもたちは、毎日どんな生活をしているの？

Chapter 8 「児童福祉施設の暮らしと保育士の仕事」 …… 34
社会的養護ってなんだろう？

Chapter 9 「保育者への道」 ………………………………… 38
どうしたら保育の仕事につけるの？

保育の現場から　さまざまな現場で活躍中の保育者から届いたメッセージ

保育所／幼稚園／幼保連携型認定こども園 ……………………… 42
児童養護施設／地域療育センター／子育て支援センター

資料

子どもたちと楽しく遊ぶための教材 ……………………………… 50
子育て支援センターをのぞいてみませんか？ …………………… 52

保育者を目指すあなたへ

・・・

子どもたちとふれあう仕事がしたい！

だれかの役にたちたい！

でも、「子どもが好き」だけでは

保育者にはなれません。

子どもたちの健やかな育ちを支えるために

知っておきたいこと、体験しておきたいことがたくさんあります。

保育者になるために学ぶこと、

少しだけ、その世界をのぞいてみませんか。

保育入門講座

「保育」にはどんな役割があるの？
Chapter 1／6 ページ

●

子どもたちの創造力をのばすには？
Chapter 2／10 ページ

●

運動機能はどのように育つの？
Chapter 3／14 ページ

●

人気のある「音楽あそび」って？
Chapter 4／18 ページ

●

絵本が子どもたちにくれるものは？
Chapter 5／22 ページ

●

子どもの心の発達に必要なものは？
Chapter 6／26 ページ

●

中高生でも「保育」を体験することができる？
Chapter 7／30 ページ

●

子どもにとって大切な4つの権利って？
Chapter 8／34 ページ

●

信頼される保育者になるには？
Chapter 9／38 ページ

Chapter 1

[仕事としての保育]

「保育」の仕事とは？

子どもの頃、大好きだった保育所や幼稚園の先生。
先生たちがしていた「保育」の仕事には
とても大切な役割があること、知っていましたか？

「保育」って何をするの？ ── 遊びを通じて子どもを育てる

保育には「養護」と「教育」という2つの側面があります。「養護」は生命の保持と情緒の安定を図るために援助すること、「教育」は健康、人間関係、環境、言葉、表現という5つの領域について子どもの成長や活動の展開が豊かになるように援助をすることです。保育はこれらを一体的に行います。

その保育の中心は「遊び」を通じて子どもを育てるということです。子どもは、遊びを通じてコミュニケーションを身につけます。また、自分を表現することや、社会での暮らし方も覚えていきます。

保育者は、制作、音楽、運動、絵本の読み聞かせ、手あそびや伝承あそびなどを通じて、子どもと関わりながら、友だちとの関係を調整したり言葉をかけたりして、子どもが社会に巣立っていく基礎をつくっていきます。

また、保育者の役割には子どもを保育するほかに、「保護者の指導」も含まれます。保護者の子育ての支援をし、地域全体の子育て支援に貢献することも保育者の仕事です。養成校では、このような保育者としての仕事について学びます。

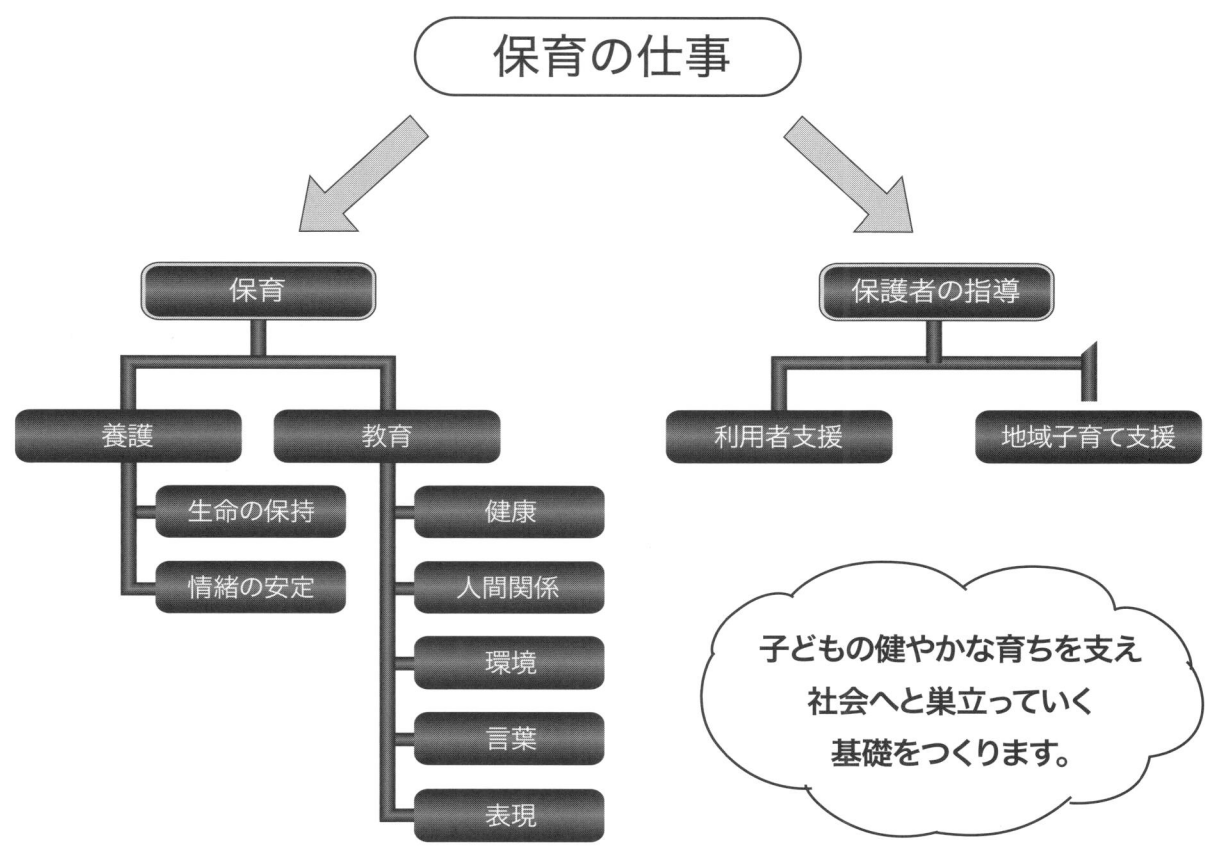

知っておこう
保育者の守秘義務って？

保育士や幼稚園教諭になると、子どもの個人的なことを詳しく知ったり、保護者の子育ての悩みを聞いたりすることがあります。保育者の仕事ではこのようなプライバシーに関することを知る機会があるので、「聞いたことを他人に話さない」という守秘義務があるのです。ただし、支援を目的とする場合の情報共有も重要です。たとえば虐待を受けたと思われる子どもがいた場合は、児童相談所等への通告義務があります。

保育者とは?

保育の仕事に携わっている人のことを「保育者」といいます。保育所（保育園）*の先生（保育士）も、幼稚園の先生（幼稚園教諭）も「保育者」です。保育者の活躍する場はさまざまです。

保育士
国家資格を持ち、主に保育所、乳児院、児童養護施設、児童館などの児童福祉施設で働きます。

幼稚園教諭
幼稚園教諭免許を持ち、幼稚園、民間の幼児教育事業などで働きます。

遊びを通じて子どもを育てる仕事

保育教諭
保育士資格と幼稚園教諭免許の双方を持ち幼保連携型認定こども園で働きます。

ベビーシッターなど
民間資格を取得し民間の託児施設、派遣事業などで働きます。

その他
無資格でも民間の託児施設、家庭的保育事業などで働くことができます。

＊保育所も保育園も同じ機能を持つ施設ですが、法律上での名称は保育所となっています。

保育士と幼稚園教諭、どう違うの?

保育士の資格って?
保育士は児童福祉の国家資格です。「名称独占」の資格でもあります。「名称独占」とは、保育士資格を持たない人が「私は保育士です」と名乗ると罰せられるということです。ただし、保育士は「業務独占」の資格ではありませんので、資格を持たない人も保育の仕事をすることはできます。

幼稚園で教えるためには?
幼稚園は、小・中・高等学校などと並ぶ「学校」のひとつです。学校では、免許を持っている人しか子どもに教えることができません。それを「相当免許状主義」といいます。幼稚園教諭の免許を持ち、幼稚園で働いている保育者を「幼稚園教諭」と呼ぶのです。

保育教諭とは?
2006年に、保育所と幼稚園の機能を併せ持った「認定こども園」が生まれました。なかでも幼保連携型認定こども園で働く保育者は「保育教諭」と呼ばれています。保育教諭は保育士と幼稚園教諭の両方の資格・免許が必要です。

> 資格が無くとも保育をすることはできますが、保護者から信頼されて保育を行うためには、保育のプロフェッショナルとして必要な知識や技術を身につけ、資格や免許を取ることが必要です。
> 保育士や幼稚園教諭という資格・免許は、保育の質を保証し、子どもの健康で豊かな育ちを専門的な観点から支援するために重要な意味を持っているのです。

保育者の役割とは？

■ **子どもの命を守る**
保育者の仕事のなかでも大切なのは、「子どもの命を守る」ということです。子どもをけがや病気、虐待などから守り、幸せな暮らしができるように支援します。

■ **子どもの心を安定させる**
家庭での生活から、保育所や地域へと活動の場を広げていく子どもたち。緊張感などから不安定になりがちな子どもの気持ちが安定するよう、一人ひとりの心を受け止めます。

■ **健康な暮らしを応援する**
早寝早起きができているか、きちんと朝ご飯を食べているか、熱はないか、元気に遊べているかなど、保護者と協力して子どもたちの健康を守ることも保育者の大切な役割です。

■ **子どもと周りの人との関係づくり**
子どもたちがコミュニケーションの力をつけていけるよう、友だちや仲間との関係づくりをサポートします。家族や地域の人々との関係も見守り、支援します。

■ **子どもが育つ環境を整える**
子どもたちが安全な環境のなかで、安心して過ごせるように環境を整えます。保育所内の環境整備はもちろん、地域で子どもが育つ環境や社会全体の子育て支援にも目を配ります。

■ **子どもの心と体を育てる**
絵本の読み聞かせや音楽あそび、運動あそび、造形あそびなど、さまざまな活動を通して子どもたちの心と体がバランスよく育っていけるよう支援します。

■ **保護者の相談にのる**
保護者が悩んでいたり、子育てに不安を感じていたりすると、子どもにも影響が表れます。保護者の相談にのるなど、家庭内の環境づくりにも心を配ります。

■ **地域の子育て支援をする**
さまざまな機関や人々と連携して、その地域に暮らすすべての親子をサポートし、地域の子どもが健やかに育つ環境を整える「子育て支援活動」も大切な仕事のひとつです。

まとめ

保育者は子どもの育ちを応援する人

保育の現場にいる人はみな、子どもたちの健やかな成長を願っています。その願いを実現するには、やはり専門的な知識や技術が必要になってきます。未来へと芽吹き始めた心と体を、家庭で、地域で、多くの機関や人々と力を合わせて支えていく。そんな保育者の働く場は、保育所や児童養護施設、乳児院、子育て支援センター、託児所、幼稚園や認定こども園……と、ますます広がっています。
「保育の仕事」は、未来を担う子どもたちとの関わりを通して、地域や社会をサポートしていける仕事でもあるのです。

＊保育士資格、幼稚園教諭免許の取り方、養成校の詳細は、Chapter 9／38ページへ

Chapter 2

[造形あそび]

子どもはみんな、個性あふれる芸術家！

楽しい発見に満ちた造形の世界で

自由にイメージを広げていく子どもたち。

遊びながら、感性や想像力の芽を伸ばしているのです。

ほんと！ とってもきれい。
次はどんなふうになるか、
楽しみだね。

先生、おもしろい形ができたよ！
もっとやってみてもいい？

その楽しさを実感してみよう

　子どもにとって、造形活動は遊びのひとつです。子どもは遊びを通してさまざまなことを学んでいきますが、造形活動は手と頭と心を総合的に働かせ、体全体で人間らしい知識や心を獲得していくのに役立つ遊びです。では保育者はどんな態度でのぞめばいいのでしょう？　何よりも必要なのは、上手い下手の評価ではなく、子どもの感性に共感できる心や感性を持つことです。まずは自分自身で表現することを楽しんでください。楽しさを実感することで、きっと子どもの感性に近づいていけるはずです。

● **造形活動**
手と頭と心を総合的に使う遊び　⇒　体全体で人間らしい知識や心を獲得
　　　　　　　　　　　　　　　　　　⇧
　　　　　　　保育者は評価するのではなく、子どもの感性に共感を

イメージを広げ、感性を豊かに

　平面表現による「絵の具あそび」は、絵の具などを流したり、写したり、押したり。自然現象にまかせることで、偶然性が強く、さまざまな効果が表れる造形あそびです。これらの遊びによって子どもは、形や色や材質が変化していくプロセスや自然現象の美しい世界を味わうことができます。さらに、表れた形態から、「この形、○○みたい！」「これは○○に見えるね」といった「見立て活動」によってイメージを広げ、他の活動へと展開していくことができます。

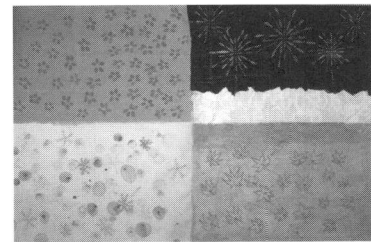
見立て活動による学生作品

子どもたちの緊張を解きほぐすために

　絵の具を使っての遊びは、材料経験と同時に、"心の開放"をもねらいとした活動です。入園したばかりで、まだ心身ともに緊張感の強い子どもたちには、たいへん有効な手段であり、子どもたちの表現が型にはまってしまったり、表現に自信を失ったようなときなどにも活用できる遊びです。

制作してみよう！

さまざまな平面表現

● デカルコマニー（合わせ絵）
二つ折りにした紙に絵の具を置いて、折り合わせて加圧して開きます。左右対称の不思議な形をつくることができます。

● ストリングデザイン（糸引き絵）
二つ折りにした紙の間に絵の具を含ませたたこ糸を置き、片手で紙を押え、片手で糸を引っ張ると左右対称の模様ができます。
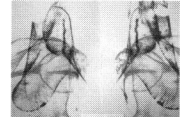

● マーブリング（墨流し）
広口の容器（バットなど）に水を張り、そこに油性絵の具や墨汁を垂らし、割り箸で少し動かしてできた表面の模様を画用紙などの紙で写し取ります。
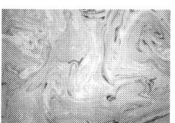

● スタンピング（押捺）
身近にあるビンのふたや、野菜（切り口が面白いピーマン、レンコン等）などを版材にして、絵の具をつけて紙に押して形を写します。手型、足型もスタンピングの一種類になります。
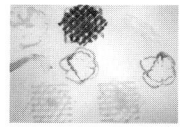

● ローラー転がし
ローラーは転がして色をつける道具ですが、紙の上で転がせばローラー幅の跡をつける版材になります。転がすことによる運動的な楽しさと、複数の色による偶然性の高い「色の重なり」、材質感をつくり出すことができます。

筆を使った遊び

● ドリッピング（筆ふり）
筆に絵の具をつけ、画面に絵の具を垂らします。絵の具をたっぷりと筆に含ませて自然に落下させた場合と、筆を振って勢いよく画面につけた場合では、落下による絵の具の形態が異なります。
応用例：たらし絵、吹き流し

材料と用具

● **粉絵の具　6色 (赤、橙、黄、青、緑、黄緑)**

顔料と固着剤が粉末になっている絵の具で、水に溶いて使用します。価格が安く、保育所、幼稚園でポスターカラーと同じような用途で使用されています。少しずつ水を加えてよくかき混ぜ、練って溶かします。乾燥しても、再び水を加えれば使用できるようになります。

使用例：ドリッピング、吹き流し、デカルコマニー、ストリングデザイン

● **指絵の具　4色 (赤、黄、青、緑)**

粒子が細かく、フィンガーペインティングに適している絵の具です。成分に澱粉糊を混ぜているので絵の具に粘りがあり、指で描いたり、写し取ることに適しています。

使用例：スタンピング

● **マーブリング用絵の具　6色 (赤、橙、黄、緑、青、黒)**

顔料と少量の糊を特殊な方法で混ぜ合わせ製造した顔料タイプのインクです。一度吸着すると、水で流れたり、にじんだりしません。耐光性にも優れ、混色も自由にできます。紙、布、木、皮など吸水性のある材質にはすべてそめられます。

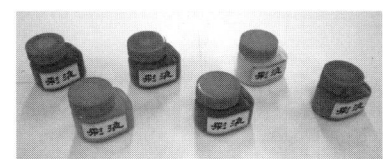

● **水彩用の筆 (写真左)**

左よりナイロン毛丸筆16号、豚毛平筆15号、馬毛平筆15号、馬毛丸筆4号、馬毛丸筆10号、馬毛丸筆16号

使用例：ドリッピング、吹き流し、デカルコマニー、ストリングデザイン

● **たこ糸 (写真右)**

太さ1mm～1.5mm、長さ20cm～30cm程度　使用例：ストリングデザイン

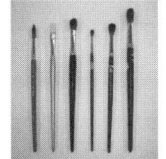 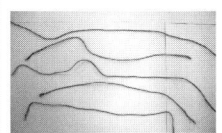

● **絵の具溶き皿**　　● **スタンピング皿**

 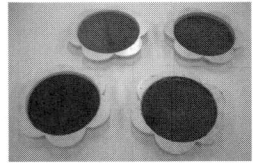

まとめ

子どもたちに自由に表現することの楽しさを

われわれおとなはどこから表現することを得意としたり、不得意になったりするのでしょう。たとえば、周りにいるおとなたち、あるいは友だちに、「きれい！」や「へただねー」と言われたとしたら？ その一言によって、子どもは励まされ、次への意欲をふくらませることも、逆に自信をなくし、意欲をなくしてしまうこともあるのです。ですから、子どもたちの周りにいるおとなは、細心の注意を払って、子どもを励まし、自信をもたせ、自由に表現できるような言葉かけや、環境を設定しなければなりません。子どもの可能性を削ぐことは、その子の未来を狭めてしまうことにもなりかねません。子どもの頃、思いつくままに自由に表現できた頃の楽しさを思い出してください。その楽しさこそが次へとつながっていくのです。

Chapter 3

[運動あそび]

体を使って遊ぼう

保育者が楽しくなければ子どもも楽しくない。

日常的に行われている遊びが子どもの育ちにどう大切なのか。

「ゆっくり、子どもにあわせて、ていねいに・・・」 さあ、始めましょう。

幼児期は運動発達の第1期ゴールデンエイジ

　赤ちゃんがハイハイをするようになり、立ち上がり、やがて歩いたり、物をつかんで投げたり……。個人差はあるものの身長や体重の発育とともに運動機能が発達し、さらに精神や情緒、社会性などさまざまな能力の発達がそれぞれに刺激し合い、結びつくことで子どもは育っていきます。

　人間が運動を身につけていく上で最も適した時期が3つあります。その第1期が歩き始める1歳頃から小学校に入る5・6歳頃までです。この時期に子どもは、走る、投げる、捕る、登る、転がるなど約80種類ある基本動作のほとんどを経験します。

　運動を身につけるのに最適な幼児期に、子どもの育ちを見極め、個性や能力を十分に引き出すことのできる専門家としての保育者が求められています。

■ 乳幼児期からの運動発達の様子

おおよその年齢	運動発達の段階	腕の運動（例）
0～1歳	反射（的）運動 外部の刺激によって起こる運動	さわったものをつかむ
↓		↓
1～5歳	基本運動 自分の意思で行う 基本的な手や足の運動	手を伸ばす → つかむ → 離す
↓		↓
4～10歳	協応運動 異なる基本運動を 組み合わせて行う運動	つかむ → 投げる
↓		↓
10歳以上	熟練運動 運動機能の向上と 思考力によって行う運動	飛んできたボールをジャンプして キャッチ → ファーストへ投げる

運動機能はどのように育つの？

　1歳頃には反射運動が次第に消滅し、入れ替わるように随意運動（自分の意思で行う運動）が出現してきます。この随意運動には「感覚器の働き」、「脳を含む神経の働き」、「筋肉と骨の動き」の3つの要素があり、それぞれが関連し合ってはじめて目的にかなった運動を可能とします。運動を上手く行っていくためには、目や耳といった感覚器で得た情報を脳に伝え、脳はその情報を分析してからどの筋肉をどのように使うか指令を出すのです。

　このような運動が繰り返され、定着することによって、的確な動きが可能となり、運動能力や運動技能の獲得につながっていきます。保育者は、子どもが「自分の体を意のままに操作できる能力」を育てるために、遊びや運動の場面を考えていきます。

運動あそびを実践してみよう

適切な働きかけが発育・発達を促す

子どもにはおとなとは異なった運動発達の特徴があり、1歳～5歳の乳幼児の場合、その発達はとても急速で多様です。そのため、保育者などのおとなが一人ひとりの成長に合わせ、適度な運動刺激（働きかけ）が与えられるよう、上手に導いてやることが重要です。

小さいトンネル→大きいトンネル→トンネルのぞき→お団子→ロケット発射

チビッ子ストレッチ
いろいろなポーズでストレッチ。楽しくなると子どもたちは何度でも同じ動きを繰り返します。

ひとりで

三角座り → 正座 → 長座 → 立つ → 寝る

からだほぐしの運動
手を使わず、音をたてずに動きましょう。どれくらいすばやくできるかな？

足を開いたときは内側に ➡ 閉じたときは外側にジャンプ

リズムでジャンプ
お互いに声を出し、リズムを合わせながら、ジャンプ！ふたりの息を合わせて、足を踏まないように気をつけて。

ふたりで

向かい合って ➡ 両手をつないだまま体を回転 ➡ 背中合わせに

ふたりでくるり
お互いに手を離さないようにするのがポイント。慣れるほどに動きもスムーズに。

発達にあわせて経験したい遊び

【3～4歳頃】 多様な動きをコントロールできるようになる。いろいろな動きを組み合わせ、子どもがおもしろがって繰り返すような遊びを工夫する。

【4～5歳頃】 基本的な動作が定着し、全身のバランス能力も発達。友だちと一緒に楽しむボールあそびや縄とびなど、遊具の操作が上達するような経験を。

【5～6歳頃】 基本的な動作が上達し、複雑な動きもできるように。ボールゲームやルールのある鬼ごっこなど、友だちと一緒に体を動かす機会を増やす。

しっぽとり
ひもなどでしっぽをつけて、自分のしっぽが捕られないように気をつけながら、友だちのしっぽをつかまえましょう。

あんたがたどこさ
息を合わせ、輪になって歌いながら、両足でその場跳び。「さ」の時だけ右（左）側へ跳びます。

ネコとネズミ
① ネコチームとネズミチームに分かれます。
② ネコは円になり、ネズミはその中へ。
③ 「よーい、どん」でネコは手をつないだまま、ネズミが逃げないように立ったりしゃがんだり。
④ ネズミはネコのすきをついて手の下をくぐったり、跳び越したりして外へ逃げます。

みんなで

ドッジボール（第1～第3段階）

■第1段階（中当て）■
円の中に子どもたちが入り、当てられるボールから逃げることを覚えます。（3～4歳児はボールを転がしてもOK）

■第2段階（対抗中当て）■
① 2チーム（○チームと△チーム）に分け、○と△のコートを作ります。
② 各チームで外野（はじめから攻撃できる人）を1人決めます。
③ 自分の陣地でアウトになったら、外野へ行って敵陣を攻撃します。
④ 全滅させるか当てた人数で勝敗を競います。
※異なる2種類のコートを作ることで、陣地の区別をハッキリさせるのがポイント。

■第3段階■
通常のコートでドッジボールを楽しみます。

まとめ

子どもが楽しめる運動あそびを

体力や運動能力を高めることだけが運動あそびの目的ではありません。子どもは楽しいから、おもしろいから何度でもやってみたくなるのです。文部科学省では「幼児期の運動指針」の中で、『様々な遊びを中心に毎日合計60分以上楽しく体を動かすことが大切』と運動あそびを推奨しています。

「子どもの育ちを理解」し「子どもが自発的に体を動かす機会を用意」し、「そのための環境を整える」ことが保育者の役割といえます。

Chapter 4

[音楽あそび]

音で遊べば、心もはずむ

子どもたちは、音楽が大好きです。

音楽を通して自分を表現するおもしろさ！

もちろん、先生もいっしょになって楽しみます。

音楽を通した表現活動とは？

保育現場ではさまざまな音楽を用いた活動が行われています。主なものをあげてみましょう。歌唱や音楽を用いた手あそび、身体表現をともなう表現音楽活動、器楽合奏、リトミックやオルフの音楽教育、楽器や音具、手作り楽器を用いた楽器あそびなど。下の表は保育所、幼稚園に音楽的表現活動の実施状況をアンケート調査した結果です。保育の現場でさまざまな種類の音楽的表現活動が行われ、音楽以外の活動と複合的に組み合わせて実施されていることがわかります。こうした活動の実践を通して、さまざまな育ちが期待されているのです。

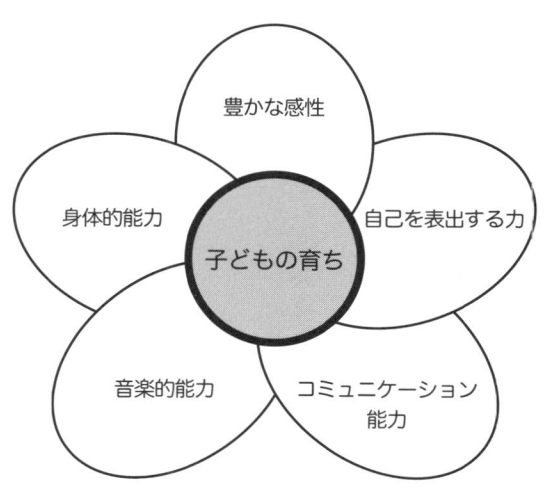

音楽を通した子どもの育ち

人気の高い音楽あそびは？

順位	生活・遊びの場	行事の場（音楽会・生活発表会など）	その他（子育て支援活動など）
1	手あそび	歌唱活動：子どもの歌	手あそび
2	歌唱活動：子どもの歌	合奏活動	歌唱活動：子どもの歌
3	身体表現：リズム体操	音楽を用いたごっこあそび：劇あそび	歌唱活動：わらべうた
4	ＢＧＭ	手あそび	身体表現：リズム体操
5	楽器あそび	身体表現：ダンス	リトミック
6	リトミック	楽器あそび	身体表現：ダンス
7	歌唱活動：わらべうた	身体表現：リズム体操	楽器あそび
8	音あそび	歌唱活動：合唱	音あそび
9	合奏活動	歌唱活動：手話	合奏活動
10	身体表現：ダンス	歌唱活動：わらべうた	歌唱活動：合唱

＊西湘、静岡東部の保育所、幼稚園のアンケートより

子どもの表現と意欲をあと押し

保育士や幼稚園の先生は「保育所保育指針」や「幼稚園教育要領」にそって、また、子ども一人ひとりの興味や発達に合わせて音楽的表現活動を行います。

では「保育所保育指針」と「幼稚園教育要領」の音楽に関する部分にはどんなことが書かれているのでしょう？これらをみると保育者に求められているのは、「音楽的表現活動を通してさまざまな子どもの育ちを支援していくこと」であり、それには子どもの自己表現をあるがままに受け入れ、その意欲を受け止めて、さまざまな表現を楽しめるようにすることが重要であるとされています。また、幼児の生活経験や発達に応じた活動が楽しめるように、遊具や用具などの環境を整備することも大切な役割であることがわかります。

音楽力を磨いて、保育の現場へ

保育現場で豊かな音楽的表現活動を行うために、保育者には基本的な音楽技能や指導法、保育の基礎力、保育者自身の感性・表現力といった音楽的資質が求められます。保育者の養成校では保育現場での実践の基礎となる音楽理論や音楽技能の授業、音楽教育を基にした音楽的表現活動の実践、さらに保育者自身の感性を育成するような、さまざまなアプローチでの授業が行われています。

保育者に求められる音楽的資質
- 音楽技能・指導法
- 保育の基礎力
- 保育者自身の感性・表現力

保育者の養成校では、子どもたちと一緒に音楽あそびを楽しんだり、演奏したりできるように、音楽的表現活動の実践やピアノなども習得します。

まとめ　子どもの興味や感動を広げていくために

みんなで演奏する楽しさや音楽あそびのおもしろさを、ぜひ体験してみてください。子どもの音楽に対する感受性はとても強く、保育者はその興味や感動をさらに発展させていくことができるように、自分自身の音楽技能や感性を高めていく努力をします。何よりも大切なのは子どもの気持ちに共感し、自らが子どもたちと一緒になって楽しみながら、音楽的表現活動を行うこと。先生が楽しそうにしていることで、子どもたちの意欲がさらに大きくふくらんでいきます。

実践してみよう

音楽ゲームを楽しもう

保育現場で行われている音楽ゲームを実践してみましょう。曲の拍子に合わせて隣の人の肩をたたきます。リズムをとる楽しさを覚え、ふれあうことで自然なコミュニケーションも生まれます。

■右の人の肩を軽くトントントンと8回たたきます。次に左の人の肩を8回たたきます。同じように右4回→左4回→右2回→左2回→右1回→左1回→手拍子1回の順で、リズミカルに繰り返して行いましょう。

① リズムのみで練習してみましょう。
② 「The Entertainer」などの曲に合わせて行ってみましょう。
③ 曲の速度を変化させ、テンポの変化を楽しみましょう。

トーンチャイムで楽曲を演奏してみよう

● トーンチャイムを鳴らす

トーンチャイムは、金属製のバーについているクラッパーという振り子を、腕や手首を使って振り、金属に当てることで音を出す楽器で、保育現場でもよく使われています。バーの太さや長さによって音程が決まり、1人で1～2つの音を担当します。メロディや和音を演奏する場合は複数人で演奏しますので、全員で息を合わせることが大切です。

① 担当する音（1人1音を担当）を確認
② マーカーで印をつける
③ 音を出す練習
④ 楽譜（表）の読み方を覚える
⑤ 全員で歌いながらメロディを演奏

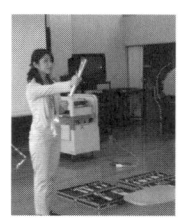

● 打楽器をたたいてみよう

リズムセクションが加わるとさらに演奏に厚みが出てきます。たとえばカホン。もともとペルーの民族楽器で、木製で中が空洞の箱型になっています。楽器にまたがって打面や縁などをたたきます。打面の裏側に弦や鈴が付けてあり、たたき方の工夫でさまざまな音が出せ、ドラムセットの役割にもなります。トーンチャイムのメロディに合わせて、リズムをたたいてみましょう。

Chapter 5 ［絵本や物語と子どもの世界］

絵本の「絵」を読んでみよう

子どもたちの心は、無限の広がりと深さを持った内なる宇宙です。

優れた絵本や物語に出会い、空想の世界に遊ぶことは、

自己との対話を促し、創造力や社会性を伸ばし、

子どもたちの宇宙をますます豊かで充実したものにします。

絵本が子どもたちにくれるもの

子どもたちは絵本を読んでもらうのが大好きです。
読み聞かせをしてもらっているときの子どもたちの表情を見たことがありますか？
そのきらきらした目を見ていると、絵本が子どもたちの心に響き、
たくさんの贈りものをしてくれていることがわかります。
絵本の奥深い世界を体験し、
あなたも素敵な保育者への一歩を踏み出してみませんか。

絵本にはどのような力があるのでしょう？

- 絵本を読むことで、子どもたちの想像力・表現力は大きくふくらみます。
- 絵本は、読んでくれるおとなとの絆を深め、コミュニケーション力を養います。
- 絵本から優しさや思いやりを感じとり、身につけていきます。
- 絵本を通して喜び、悲しみ、わくわくすることで、豊かな情操が育ちます。
- 絵本から、子どもたちは生きていくための知恵や力、勇気をもらいます。
- 絵本は子どもたちに幸福感を与え、生きる喜びへとつなげていきます。

絵本の「絵」を読むとは

　絵本は「絵」の「本」という名前の通り、絵が主体の芸術です。ところが、絵本を手にしたとき、真っ先に絵を見て内容をつかもうとする人はあまりいません。特におとなは、文章から内容を理解しようとしがちです。

　絵本の絵は、単なる飾りや補足説明のためにあるわけではありません。ストーリーのどの部分を絵にするか、色の構成、画面の明暗、登場人物の大きさや配置などについて、作家たちはさまざまな角度から心理的効果を考え、工夫を凝らして描いています。

　絵を注意深く見ていくと、文章が示す内容以上に奥の深い世界を表現していることがわかります。絵本の「絵」は見るだけのものではなく、読むものでもあるのです。

子どもたちの読み方を知ろう

　まだ文字の読めない子どもたちは、絵を読む天才です。読み聞かせをしてもらうときでも一心に絵を見つめ、しばしばおとなさえ気がつかなかったような発見をします。

　子どもたちの心のスクリーンには、絵から読み取ったイメージとお話から得られたイメージが重なり合い、刻々と情景が変わり、登場人物たちが生き生きと活動しているのです。

　子どもたちは絵本の絵をどのように見ているのでしょうか。

子どもたちの読み方を体験してみよう

ここでは例として、『アレクサンダ と ぜんまいねずみ』（レオ＝レオニ 作　谷川俊太郎 訳　好学社）を取り上げてみます。

*この冊子には、一部分しか掲載できません。ぜひ、実物を入手してご覧になってください。

★ まずお話を読まずに、絵だけを見てみましょう。

どんなストーリーが予想されますか。多くの子どもたちに支持されている絵本は、絵を見ていくだけで物語の大筋がつかめるものです。

★ もう一度、今度は以下のポイントで見ていきましょう。

● 判型・大きさ ──── イメージを広げる

絵本にはA4判やB5判といった定型のものは少なく、縦長、横長等々、さまざまな大きさや形のものがあります。『アレクサンダとぜんまいねずみ』の場合は、どちらかというと縦長ですが、ページを開いたときの広がりは程良い横長です。

どのような効果があるのでしょうか。

たとえば横長の判型を効果的に生かした例として『スーホの白い馬』（大塚勇三再話 赤羽末吉絵 福音館書店）があげられます。見開きいっぱいに広がる絵を見て、読者は果てしなく広がる大草原をイメージできます。

● 表紙 ──── 内容を予告する

この絵を見て、みなさんならどんなことを考えますか。多くの絵本では、読者の興味を引くように、内容を予告するような絵を表紙にしています。

● 扉 ──── 期待感を高める

扉ページでは、絵本のタイトルの上を主人公らしきネズミが右へ向かっています。どのような意味があるのでしょう。

横書きの絵本では、ページを右から左へとめくります。したがって、新しい世界は常に右から現れます。この扉は、これから始まるお話に対する期待感を高め、思わずページをめくりたくなるような仕掛けになっているのです。

● 各々の見開きページ ──── お話を展開する

絵の見方に決まりはありませんが、① 画面の明暗 ② 色遣い ③ 登場人物の位置関係 ④ 登場人物の表情 ⑤ 大道具（建物、樹木、石など）・小道具の意味、の5つに注目するとわかりやすくなります。例として、次ページでいくつかの見開きについて考えてみましょう。

場面①

「たすけて！ たすけて！ ねずみよ！」ひめいが あがった。つぎには がしゃん がらがらと おおきな おと。ちゃわん，おさら，スプーンが，しほうはっぽうに とびちった。
アレクサンダは，ちっちゃな あしの だせるかぎりの スピードで，あなに むかって はしった。

　最初の見開き（画面①）に添えられている文章は、たったこれだけです。しかし、絵からはその他にもいろいろな情報が得られます。画面全体が明るく、穏やかな色遣いが主となっています。きっと明るくて裕福で潤いのある家庭なのでしょう。ところが、主人公らしきネズミが一匹、左へと向かっています。右は新しい世界が現れる方向でしたが、左へ向かうということは、何か問題が生じて逆戻りしていることを意味します。カップやスプーンは人間世界の象徴です。それが高い所から落ちてきたのですからたまりません。ネズミは横目で様子を窺いながら、画面の左隅へと逃げていきます。

主人公なのに、なぜ隅っこにいるのでしょう。もうおわかりですね。このネズミは人間世界の真ん中にいることを許されない、肩身の狭い存在なのです。

場面②

アレクサンダとぜんまいねずみが初めて出会った場面です。2匹の位置関係、ペンギンやクマのぬいぐるみは何を意味しているのでしょう。

場面③

画面の暗さだけでなく、暗闇の広さにも注目してみましょう。

まとめ

感性を磨いて、「絵」を読む力を

　絵本の絵を読み解いていくと、文章で表現されていることの他にもさまざまな世界が明らかになってきます。絵から読み取った世界とお話から得られた世界、両者を混ぜ合わせてストーリーを作り上げる過程こそ、「絵本を読む」という行為です。程度の差はありますが、子どもたちはその複雑な行為をごく自然に楽しみながら行っているのです。

　保育者は、絵本に対する知識を備えるとともに、絵を読むための豊かな感性を磨くことが大切です。皆さんが絵本の奥深い世界を体験され、素敵な保育者になってくださることを願っています。

図書館へ行こう

　保育者養成系の学科を持つ大学の図書館では、古今東西の絵本や物語を豊富に取り揃えています。オープンキャンパスなどの機会を利用してぜひ見学してみましょう。

　またみなさんの町の図書館の児童書コーナーを積極的に活用しましょう。もしも必要な本が見つからなければ、他の図書館から取り寄せてくれるかもしれません。遠慮なく相談してみてください。

Chapter 6

[子どもの心の発達]

おとなの関わりは子どもの心に どんな影響を与えるの？

子どもは自分を取り巻く環境をどのように感じ、
周囲のおとなからの関わりによって
どのように心を育てていくのでしょうか？
子どものコミュニケーション力の
第一歩についても考えてみましょう。

一緒にやろう。

見て見て！
すごいでしょ。

赤ちゃんは有能な存在

　赤ちゃんは生まれたときには言葉を話すことも、ひとりで歩くこともできない状態です。人間が未熟な状態で生まれてくることは「生理的早産」と言われ、誰かの助けがなければ生きのびることができません。以前は、赤ちゃんは何もできない、わかっていない存在と思われていました。しかし、実は生まれたときから味やにおい、形や音を知覚していることがわかってきました。たとえば甘味と苦味を識別したり、母乳のにおいに反応したりします。

　それだけでなく、自分では何もできないからこそ、周囲にアンテナを張り雰囲気を感じとっているようです。そして周囲のおとなの感情や意図に呼応します。おとなが怖い目で見つめれば、不快な表情をします。おとなが好意的に「ばあ」と口を開ければ赤ちゃんも口を開けます。おとなが赤ちゃんに向かって歌うように話しかけると、同じように声を発します。共鳴動作とよばれるこの行動は、人とともに喜ぶ、思いを共有するといった感情的な交流の原型となるものです。

赤ちゃんに接する機会があったら・・・

　あなたの身近に赤ちゃんはいますか？ 親戚の赤ちゃんや近所の赤ちゃん、地域の子育て支援センターなどの保育のボランティア活動で、赤ちゃんとふれあう機会があるかもしれません。

　もし赤ちゃんに接するチャンスがあったら、保護者や養育者の方の了解を得て、赤ちゃんをあやしてみましょう。あなたが笑いかけたり、話しかけたり、何か動作をしたり、歌ったりすると、赤ちゃんはどんな反応を見せてくれるでしょうか。

たとえば

- ★「いない・いない・ばぁ」で、とびきりの笑顔を見せてあげましょう。
- ★「♪むすんで、ひらいて、手を打ってむすんで〜♪」。歌いながら手を動かしてみましょう。
- ★「おつむてんてん」。軽く自分の頭をたたいてみましょう。
- ★「ちょちちょちあわわ」。ちょちちょちで手をたたいてから、口に手を当てて「あわわ」を。
- ★「ばいばい、またね」。別れ際には、きちんと手も使って声をかけてみましょう。

　赤ちゃんと共有することのできる楽しい時間、おとなとのこうした関わりこそが、赤ちゃんのコミュニケーション力を育む第一歩になります。もちろんあなた自身にとっても、いろいろな発見のあるすてきな体験となることでしょう。

「愛着」は、赤ちゃんが健やかに育つキーワード

　言葉を話せない赤ちゃんは、泣くことで空腹や寒さといった不快感を訴えます。そのとき、いつも自分を世話して快適な状態に変えてくれる人（母親など、主たる養育者）の存在は赤ちゃんに安心感を与えます。それが繰り返されるなかで、養育者と赤ちゃんとの間に愛着が形成されます。愛着とは「特定の人と人の間に形成される心理的な結びつき」のことです。愛着は人との関わりの基礎となるものであり、後の対人関係に影響を及ぼすといわれています。たとえば養育者との間に不安定な愛着が形成された場合に、おとなになってから人と関わることに不安を感じたり、親密な関係を避けたりするようになるのです。

赤ちゃんの愛着行動って？

赤ちゃんが愛着を示す行動には、養育者のほうを見て笑う、ぐずるなどの発信行動、養育者に抱きつく、後追いするなどの接近行動、声の聞こえるほうを見て養育者を探すなどの定位行動の3種類があります。

愛着行動によって、養育者は赤ちゃんへの愛情をより深く感じるようになります。
そしてもっと世話をしてあげたいと思うようになり、養育行動へとつながっていきます。

【赤ちゃんが愛着を示す3つの行動】

- ●発信行動 ➡ 養育者のほうを見て笑う・ぐずる・泣き声をあげるなど
- ●接近行動 ➡ 養育者に抱きつく・後追いするなど
- ●定位行動 ➡ 声のする方を見て、養育者を探すなど

こうした赤ちゃんの行動が、養育者の心に働きかけ、
愛情を引き出していきます。
たとえばお母さんが声をかけてくれたり、抱き上げてくれるなど、
赤ちゃんの愛着行動に応えてくれたとき、
赤ちゃんには安心感や信頼感が生まれ、
親子の間にも特別な絆がむすばれていくのです。

母性的な愛情を受けなかった子どもたちにみられる特徴とは？

家庭以外の場所（施設や病院など）で、母性的養育に欠けた状態で育った子どもにみられる特徴を、スピッツという研究者は「ホスピタリズム」と名づけました。その特徴としては、発達の遅れ、体重増加の停止、人への反応の薄さなどがあげられます。幼少期におとなにしっかりと手をかけてもらえたかどうか、養育者との間に豊かで温かな愛情のやりとりがあったかどうか、これらが子どもの健やかな発達にいかに重要であるかということを示しています。

「ホスピタリズム」の特徴

運動能力や言語能力などの発達が遅れる・人に対する反応が薄い・コミュニケーション力が育たない・感情が表に出にくいなど

この世界で生きていく基礎となるもの

エリクソンという発達心理学者は、人の一生には各段階で乗り越えるべき発達課題があるとしました。乳児期の発達課題は、「基本的信頼感の形成」です。

養育者に丁寧に扱われ、欲求を満たされる体験が積み重なることで、赤ちゃんは「自分は大切にされる存在である」という感覚を育てます。また「この世界は自分に好意的で信頼できるものだ」という外界（他者）への信頼感が生まれます。その信頼感が基礎となって、積極的にこの世界を探索し、人に関わろうとする力が育っていきます。やがては自分への信頼感、ひとりでいても安心して存在していられる、自立できる心の力につながっていくのです。

人との関わりのなかで育つ、自己肯定感

幼児になると、多くの子どもが保育所や幼稚園などで集団デビューします。先生や仲間と接し、家庭とはまた違った人間関係の体験が始まります。子ども同士の活動のなかで子どもはだんだんと、自分の役割を発見して自分の価値を意識したり、がまんする力を育てたり、協力することを覚えたりしていくのです。たとえば、二人で声をかけながら一緒にお当番の仕事ができる。やりたい遊びを交替してあげる。みんなで分担して劇を作り上げる。そうした体験の中で、「できる自分」に対する誇らしい気持ち、自分を認める心が育っていきます。

しかし、体験だけで心が育つわけではありません。心を育むには、おとなの存在が必要なのです。「できたね！」「すごいね！」「楽しかったね！」とほめて認めてくれる、思いを共有してくれるおとなの存在です。子どもは、他者にほめられること、認められること、受容されることで自己肯定感を育てます。保育者は、保護者と一緒に子どものすてきなところに目を向けて、子どもの「自分が好き」という心を育んでいく存在なのです。

おとなにほめられ、認められることで、自分が好きになり、自信をつけていきます。

まとめ　おとなと関わることで育まれていく、子どもの心

子どもの心の発達にとって、おとなとの関わりは重要な意味を持っています。おとなと情緒的に結びつくことを心の基盤として、自分や他者や、ひいては自分が生きていく世界を信頼し、安心してさまざまな体験を積み重ねていくことができるのです。保育者は人間の発達に最も重要な乳幼児期に、子どものそばにいる存在です。子どもが心を育んでいけるような関わりをすることが、保育者の大切な役割といえるでしょう。

Chapter 7

[子どもと生活]

子どもたちは、
毎日どんな生活をしているの？

保育所や幼稚園に行くようになると
たくさんの刺激を受けて、子どもたちはぐんぐん成長します。
どんな毎日を送っているのでしょうか？

幼稚園とは？

今、0歳から5歳までの子どもたちが通う施設にはさまざまなものがあります。ここでは特に幼稚園にスポットをあてて、子どもたちの生活を見ていきましょう。

簡単に言えば、幼稚園とは「満3歳児～5歳児を保育する場」であり、おおむね9時から14時の時間帯で保育を行っています。14時以降も「預かり保育」として保育を行っている幼稚園もあり、全国の半数以上の幼稚園でこの「預かり保育」が行われているとされています。

ある幼稚園の1年間

季節ごとの伝統的な行事や、楽しいイベントなど、幼稚園で過ごす子どもたちの1年間はさまざまなプログラムで彩られています。幼稚園によってその内容はさまざまですが、ある幼稚園での例を参考に、子どもたちの1年間をたどってみましょう。

4月
4月は入園式の月。初めて体験する「幼稚園」という場への期待や不安、そして新しい仲間が増えて、それぞれに新しいスタートを切る月でもあります。

5月
職員手作りの「こいのぼり」に、子どもたちが手形を押してウロコに見立てたり、みんなで協力し合って、日本の伝統的な行事を体験します。

6月
6月4日の虫歯予防デーから1週間は歯と口の健康週間。歯磨きはもちろん、子どもたちの健康な生活を支援するのも、大切な役割のひとつです。

7月
プール開きなどもあり、子どもたちは水と親しみます。また「宿泊保育」では自宅を離れた「お泊まり」を体験します。

8月
小学校と同じように夏休み期間があり、子どもたちはそれぞれ家庭で過ごします。保育所の場合は特に夏休みの規定はなく、基本は暦通りです。

9月
季節もよくなり、みんなで散歩に出かけたりします。コスモス畑に行って一面に咲いた花を見るなど、身近な街の風景や自然と親しみ、世界を広げます。

10月
青空の下での運動会。リレーや親子ゲーム、ダンスなど、みんなで準備し、協力し合う楽しさや、体を動かし表現する喜び、達成感などを体験します。

11月
学校では文化祭などが開催される時期ですが、幼稚園では子どもと先生、保護者が協力し合って作品をつくり、展示するなど、作品展を開催します。

12月
子どもたちが大好きなクリスマス。ツリーに飾り付けをしたり、先生がサンタクロースに扮するなど、趣向を凝らしてこの季節のイベントを盛り上げます。

1月
みんなでおもちつきをしたり、たこあげに挑戦したり。子どもたちに日本の伝統的な習慣や遊びの機会を提供。その楽しさを体験してもらいます。

2月
2月の代表的な行事といえば節分です。子どもたち全員で鬼のお面をつくり、先生が鬼になって豆がまかれるなど、にぎやかな歓声があがります。

3月
あっという間に1年が過ぎ、年長児童は卒園して、小学生になります。お別れ遠足を開催するなどして、先生も子どもたちも別れを惜しみます。

ある幼稚園の一日

　子どもたちが登園してくると、まず「朝の会」を開きます。先生からのお話を聞いた後は、保育の開始です。室内あそびをしたり、外で遊んだり。子どもたちが主体的に遊びに関わっていけるよう、サポートします。

　お昼は栄養バランスを考えた給食。保護者のつくるお弁当の日を設けるケースもあり、幼稚園によってさまざまです。子どもたちの大好きな時間です。

　午後は「帰りの会」を開き、降園の準備をします。預かり保育を実施している幼稚園では、保護者のお迎えがあるまで子どもたちは遊んだり休憩したりしながら、幼稚園での時間を過ごすことになります。

朝

「朝の会」で先生のお話を聞いたら、元気いっぱい自由に遊びます。
年長さんも年少さんも一緒です。
あんな遊び、こんな遊び、今日は何をする？
先生は子どもたちの主体的な活動をサポートします。

昼

子どもたちの大好きな給食の時間です。
おしゃべりしながら食べる、栄養バランスのよい食事。
みんなと食べると楽しいね！
先生は、子どもたちの健康状態に気を配ります。

午後

自由に遊んだり、みんなと一緒に歌やお絵かきを楽しんだあとは、「帰りの会」で先生のお話を聞いて、降園の準備をします。
今日も楽しかったね。忘れ物はないかな？
先生はお迎えの保護者に、1日の様子をしっかり伝えます。

子どもの気持ちを考えることが大切

保育者の仕事で大切なのは、「子どもの気持ちを理解する」ということです。たとえば、年長児童のリレーを見ていた3歳の子どもが、手を出して一歩前に足を踏み出したとします。この子はどんなことを考えたのでしょう？バトンをもらいたかったのかもしれないし、自分も一緒になって走りたかったのかもしれない。このように子どもたちのしぐさ、言葉、表情にはさまざまな思いが秘められています。子どもたちはまた、絵を描いたり、作品をつくることで、自分を表現します。私たちは作品にふれることで、また思いを知ることで、保育の際に必要なヒントをたくさんもらうことができます。いつも子どもによりそい、その気持ちを考えながら一緒に時間を過ごすということがとても大切なのです。

子どもたちの作品にふれることで、その思いや願いを感じ取ることができます。
子どもは作品をつくることで、自分自身を表現しているのです。

まとめ

実際に保育を体験してみよう！

子どもたちの豊かさを知り、関わることの楽しさを体験する最良の方法。それは保育関連のボランティアに参加することです。たとえば、無理をせずに自分のできる範囲で楽しく参加する子育て支援の活動。友だちや仲間もでき、自分自身の力もふくらんでいきます。子育て中のお母さんから、子どもに対する思いや子育ての悩みを聞くことも、将来の自分への財産になります。一度体験することで何かを感じ、新しい世界が開けていくことでしょう。

ボランティア活動についての情報は、地域の社会福祉協議会や行政の子育て支援課へ。きっとたくさんの情報やアドバイスを入手することができるはずです。

★ 52ページに子育て支援センターやボランティアの情報があります。

小田原短期大学で行われている子育て支援の活動。
体験することで、本当の楽しさ、充実感を味わうことができるでしょう。

Chapter 8　[児童福祉施設の暮らしと保育士の仕事]

社会的養護ってなんだろう？

保育士は児童福祉分野の担い手です。

親と暮らせない子どもたちの生活を支え、一人ひとりを大切にしながら関わります。

親に対しても働きかけ、子どもとの関係調整を図ります。

子どもが辛いとき、悲しいとき、嬉しいとき……

そっとよりそって、一緒にいてくれる保育士が必要なのです。

ボク、悪い子なんだ…。
ボクなんて
いない方がいいんだ。

そうか…。
悪い子だと思ってきたのね。辛いよね。
でも、私はユウくんのいいところを
いっぱい知っているよ。

「社会的養護」ってなに？

社会的養護とは、保護者のいない子どもや、保護者が養育することが不適切である子どもを公的な責任で社会的に養育することです。保護して育てるだけでなく、養育が困難な家庭への支援も行います。

社会的養護は「子どもの最善の利益のために」、「社会全体で子どもを育む」を理念として行われています。

社会的養護の理念 「子どもの最善の利益のために」

 「社会全体で子どもを育む」

子どもにとって最も大切な4つの権利とは？

1989年、子どもの権利条約（児童の権利に関する条約）が国際連合総会で採択されました。この条約では、子どもの基本的人権を国際的に保障し、子どもの最善の利益のための支援のあり方を示しています。

生きる権利（生存）	育つ権利（発達）	守られる権利（保護）	参加する権利（参加）
防げる病気などで命を落とさず、病気や怪我をしたら治療が受けられること。	教育を受け、休んだり遊んだり、また、思想の自由が守られて自分らしく育つこと。	あらゆる種類の虐待や搾取から守られ、差別されないこと。特に障害のある子どもや少数民族の子どもは守られること。	自由に意見を述べたり、グループ活動をしたり、自由な活動を行うこと。

社会的養護では、これらの権利を日々の生活のなかで大切にし、常に子どもの最善の利益とはどうあるべきかを考慮した関わりをしていきます。

図1は、子どもの育つさまざまな場を示しています。

社会的養護を担う児童福祉施設でも保育士は活躍しています。子どもが家庭で育つのと何ら変わらない環境をつくり、傷ついた心を癒しながら、子どもの自立を支えるには、専門的な知識と技術を持った保育士が欠かせないのです。

子どもたちが育つ
さまざまな「場」で
保育士が活躍しています。

図1：子どもの養育環境＝愛護され、健やかな成長を保障される場

社会的養護
- 家庭養護：里親、ファミリーホーム
- 家庭的養護：地域小規模児童養護施設、小規模グループケア
- 施設養護：入所型児童福祉施設
  ・乳児院、児童養護施設
  ・障害児入所施設
  ・母子生活支援施設など

親（親族）による養護：保育所、認定こども園、児童発達支援センター

社会的養護の体系

子育てを社会が支援するという考え方では、子育て支援センターや障害のある子どもが通所して利用する児童発達支援センターも児童福祉施設として大きな役割がありますが、ここでは、特に親（保護者）によらない養育の場を紹介しましょう。

社会的養護には、里親やファミリーホームによる家庭養護と、児童福祉施設による施設養護があります。施設養護には、図2に示すようにさまざまな種類の施設があり、子どもの抱えている課題に対して必要な支援を行っています。保育士は、児童福祉施設において「親の代わり」という位置づけではなく、専門的知識と技術を持った専門職として働いています。

子どもやその保護者の置かれている状況に対応する次のような児童福祉施設があります。

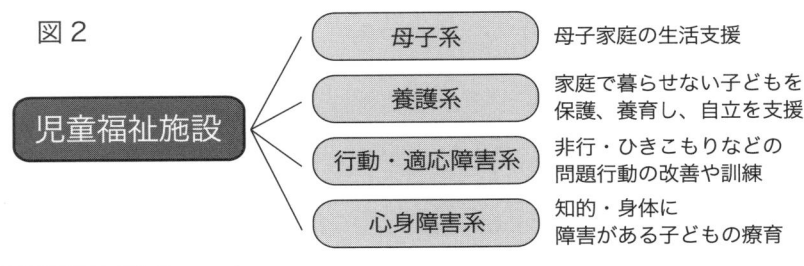

図2
児童福祉施設
- 母子系：母子家庭の生活支援
- 養護系：家庭で暮らせない子どもを保護、養育し、自立を支援
- 行動・適応障害系：非行・ひきこもりなどの問題行動の改善や訓練
- 心身障害系：知的・身体に障害がある子どもの療育

[母子系施設]
- 母子生活支援施設：18歳未満の子どもがいる母子家庭が入所する施設で、親と子の双方が必要な支援を受けられます。近年では、DVによる入所が多くなっています。

[養護系施設]
- 乳児院：0歳〜2歳（場合により就学前）の子どもが入所します。児童虐待や離婚、親や家族の病気、経済的事情、養育者の不在などによる理由が多くなっています。
- 児童養護施設：2歳から18歳の子どもが対象。保護者がいない子ども、虐待された子ども、環境上保護が必要な子ども等が入所します。何らかの虐待を受けた経験のある子どもの割合は増えており、約6割の子どもが虐待を受けた経験があります。

[行動・適応障害系施設]
- 児童自立支援施設：不良行為のある子ども、または不良行為をなすおそれのある子どもを入所させて、生活指導と自立を支援する施設です。
- 児童心理治療施設：軽度の情緒障害のある子どもを短期間入所させて治療を行う施設です。

[心身障害系施設]
- 福祉型障害児入所施設：知的障害のある子ども、肢体不自由児、盲ろうあ児などを保護し、日常生活の指導、必要な自立支援を行う施設です。
- 医療型障害児入所施設：肢体不自由児、重症心身障害児等を保護し、日常生活指導や独立自活に必要な支援と医療による治療を行います。保育士は、医師や看護師などの医療スタッフと共に働き、日々の保育や養育を担っています。

児童虐待と保育士の仕事

子どもに関するさまざまな相談については、児童相談所というところが対応しています。児童相談所への児童虐待相談は、図3に示すように年々増加しています。2018年度は16万件に迫る159,850件(速報値)でした。心理的虐待件数が多いのは、子どもがいる家庭でDVがある場合に警察から通告することが増えたからです。

児童養護施設では、何らかの虐待を受けた経験のある子どもの割合が高くなっており、日常生活を通した関わりの中で子どもの権利を守り、子どもの健やかな成長を支えていくことが求められています。また、親に対しても子どもが家庭に帰れるよう他の専門機関と連携しながら支援をしています。

保育士は、現代社会を反映する多様で複雑な家庭環境をよく理解し、個々の子どもの背景を把握した上で、日常生活を通して支援する役割を担っています。

図3:児童相談所での児童虐待相談対応件数の推移（2018年度速報値）

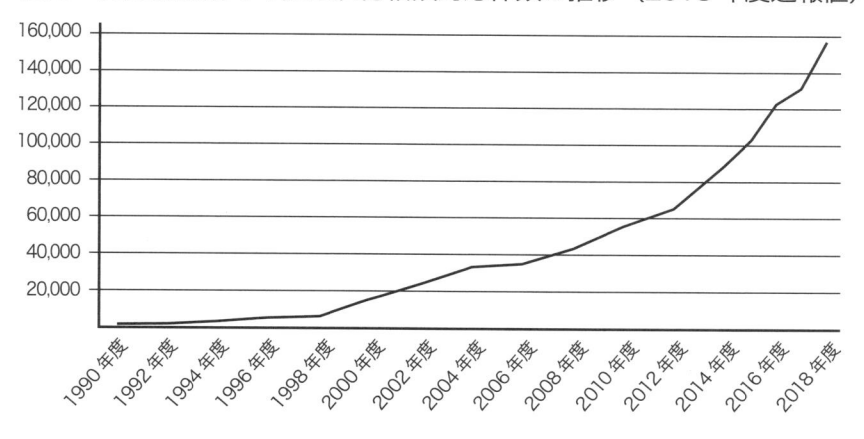

※児童相談所が児童虐待相談として対応した件数は2018年度中に16万件近くになり、過去最多に。

図4:児童相談所での虐待相談の内容別件数
（2018年度速報値）
※前年度より増加しています。

※相談内容は心理的虐待(DV環境にある子どもを含む)が半数近くを占めています。

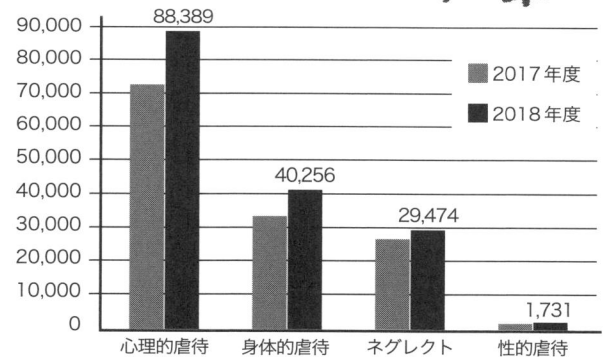

心理的虐待 88,389
身体的虐待 40,256
ネグレクト 29,474
性的虐待 1,731

まとめ
ますます期待が大きくなる、保育士の役割

さまざまな事情で親と暮らせない子どもたちが増えています。支援が必要な子どもたち一人ひとりを大切にしながら、「社会全体で子どもを育む」社会的養護。その担い手として、子どもによりそい、健やかな成長と日々の暮らしを支えて行くのが保育士の仕事です。子どもたちのニーズが多様化していく現代社会、専門的な知識や技術を身につけた保育士の役割は、これからもますます大きくなっていくことでしょう。

Chapter 9

[保育者への道]

どうしたら保育の仕事につけるの？

小さな子どもたちによりそって
その健やかな育ちを支える保育士や幼稚園教諭。
保育の現場はいま、若い力を必要としています。
子どもたちを、家族を、地域を、応援する人になりませんか。

保育所や幼稚園以外でも、
働ける場所って
あるのかな？

保育者になりたい！
どうしたら資格が取れるの？

さまざまな場所で、保育者が活躍中！

　保育者の仕事は、その資格も働く場所もさまざまです。たとえば保育士資格を取って働く場としては、保育所はもちろん、児童館や障害児の保育施設、児童相談所（公務員になる必要があります）、子育て支援センター、生活型の児童福祉施設（児童養護施設、乳児院など）、小学生のための放課後活動の場（学童保育など）、ほかにも認可外保育施設、託児所などがあります。また、幼稚園教諭免許を生かして働く場には、幼稚園があります。

　現在、保育所と幼稚園を一体化させた認定こども園も増えてきており、仕事の幅を広げるためには、できれば保育士と幼稚園教諭、両方の資格・免許を取ることが望ましいでしょう。

「保育」の仕事場はたくさんあります。

資格・免許を取る方法は？

● 保育士への道

　保育士資格の取り方は、大きく分けて2つあります。保育士試験を受験する方法と、養成のための学校を卒業する方法です。試験でも資格が取れますが、その合格率は10人に1人程度です。やはり養成校で専門の授業を受け、実習にも行って資格を取るのがより確実な道といえます。このほか、図のように中学や高校を出て児童福祉の現場で働き、国家試験の受験資格を得る方法もあります。

● 幼稚園教諭への道

　幼稚園教諭の免許を取得できる大学で必要な科目を履修して卒業すると、4年制の大学では幼稚園教諭の一種免許状を、2年〜3年制の短期大学では二種免許状を取得できます（一種も二種も職務内容は同じです）。また、保育士として3年以上働き、幼稚園教員資格認定試験に合格すると免許（二種）が取得できます。免許取得後、園や自治体の採用試験に合格すると幼稚園教諭として働くことができます。

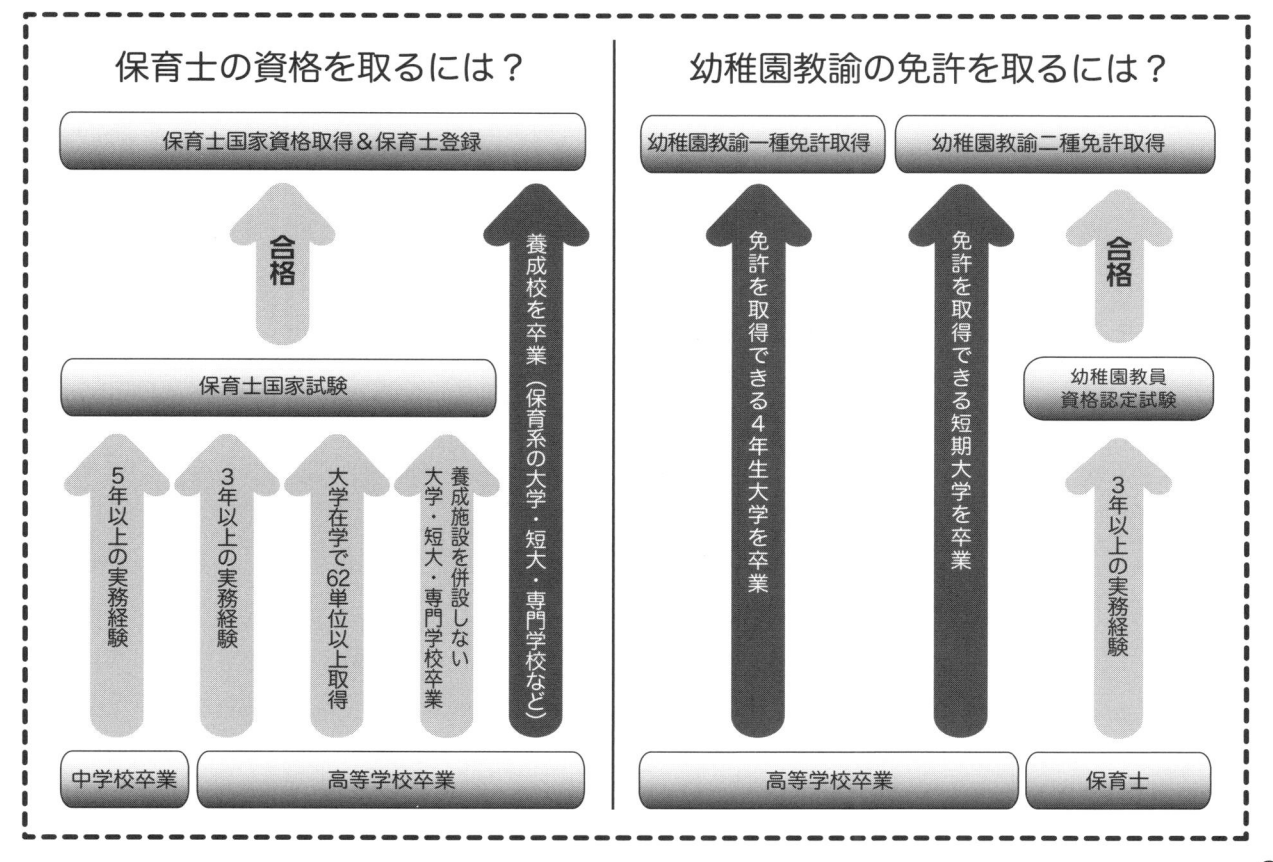

保育士の資格を取るには？

保育士国家資格取得＆保育士登録

↑ 合格 ← 保育士国家試験
- 5年以上の実務経験 ← 中学校卒業
- 3年以上の実務経験 ← 高等学校卒業
- 大学在学で62単位以上取得 ← 高等学校卒業
- 養成施設を併設しない大学・短大・専門学校卒業 ← 高等学校卒業

↑ 養成校を卒業（保育系の大学・短大・専門学校など）

幼稚園教諭の免許を取るには？

幼稚園教諭一種免許取得　　幼稚園教諭二種免許取得

- ↑ 免許を取得できる4年生大学を卒業 ← 高等学校卒業
- ↑ 免許を取得できる短期大学を卒業 ← 高等学校卒業
- ↑ 合格 ← 幼稚園教員資格認定試験 ← 3年以上の実務経験 ← 保育士

保育者を養成する学校って?

保育士資格は、主として専門学校、短期大学、4年制大学、幼稚園教諭の免許は、文部科学省が認定した養成課程を置く短期大学、4年制大学で取得できます。これらの養成校の中には、保育士資格と幼稚園教諭免許の両方が取れるところもあります。保育系4年制大学では、保育士や幼稚園教諭以外の資格も取れ、比較的ゆったりとしたカリキュラムで学びます。短期大学では、2〜3年で資格を取るために、もっと凝縮したカリキュラムになります。専門学校は短期大学と同じように早く資格を取って働きたい人向けで、カリキュラムは専門職に特化したものです。専門学校で幼稚園教諭免許が取得できる場合がありますが、それは短大や大学の通信課程と連携している場合などです。

保育者養成校のいろいろ

◎ 4年制大学 (4年間)
- 多くの資格が取得でき、さまざまな職業への選択肢がある。
- 時間にゆとりがあり、「自分探し」もできる。

◎ 短期大学 (2年間または3年間)
- 専門職教育を中心にしながらも常識、教養、マナーなど社会人になるための学びも多い。
- クラブ活動・サークル活動などを通じて自分の好きなことも楽しめる。

◎ 専門学校 (2年間〜4年間)
- 専門職に特化した教育が受けられる。
- 実務的な内容を学び、仕事に備える。

人気の高い、短期大学

現在、現場で働く幼稚園教諭や保育士の80%は短期大学の卒業生です。特に保育士資格はどこで取得してもまったく同じ資格です。短期大学で取得すると、2年間という短期間で取れるだけでなく、さらに幼稚園免許も取得できたり、専門学校に比べて、社会に出たときに役立つ幅広い教養を身につけることもできます。また、大学生活を楽しむこともできるという点も人気の理由かもしれません。

あなたがもし、保育系短期大学に入学したら？

保育系短期大学に入学すると、どんな２年間が待っているのでしょう？
小田原短期大学 保育学科を例に、シミュレーションしてみましょう。

２年間で保育者として成長するためには、専門的な知識・技術の他にも社会人としての基礎など、多くのことを学び、資格・免許を取得しなければなりません。講義科目はもちろんのこと、演習や実技、子どもと直接関わる機会も用意されています。保育所、幼稚園、施設での実習では、保育の仕事の楽しさ・厳しさを実際に体験することができます。

保育学科で取得できる学位・資格・免許　短期大学士（保育学）　保育士資格　幼稚園教諭二種免許

- 専門的な知識を習得します。
- 仲間と一緒にスキルアップ。 
- 体験しながら実践力を養います。 
- 社会人としてのマナー、教養も。 

実習で学ぶことは？

保育士資格 を取るために

２週間の実習を３回行います。
① 保育実習Ⅰ（保育所）　２週間
② 保育実習Ⅰ（施設）　２週間
③ 保育実習Ⅱ(保育所) または 保育実習Ⅲ（施設）２週間

実習では、実際に保育所・幼稚園に行って現場の先生の指導のもとで、子どもへの対応を中心に保育の仕事を経験します。また、保育者としては、言葉づかいや服装、挨拶などを身につけることも必要です。養成校では、実習に出るために、そして、子どものお手本になれるよう、基本的なマナーから勉強します。

幼稚園教諭の免許 を取るために

幼稚園での教育実習を行います。
２年間で最低４週間の実習を実施しています。

施設における実習では、乳児院、児童養護施設、福祉型障害児入所施設、医療型障害児入所施設などへ行きます。特別なニーズを持つ方への支援の仕事を体験することは、保育士が幅広い現場で働いていることを直接見る機会でもあり、学びをより深めていくことができます。

授業以外の体験も、未来の自分への財産に

小田原短期大学では、学内で「おだたんひろば」を始めとする地域の親子支援活動が盛んに行われています。地域の親子と学生がふれあうことで、子どもにとっては家族以外のおとなと接する貴重な機会を、保護者にとってはリフレッシュの時間を、また学生にとっては多くの学びを得る有意義な機会として機能し、地域を活性化させる子育て支援活動として期待されています。

短期大学ではその他にさまざまな学内行事があります。オープンキャンパスや学園祭などは、学生みんなでアイデアを出し合い、盛り上げます。

こうしたことを学生時代に経験することは、保育の現場に出たときの大きな財産になるでしょう。

学内での親子支援活動。

学生生活を彩るさまざまな行事。

保育の現場から

保育者養成校で学び、
さまざまな保育の現場へと
巣立っていった先輩たち。
どんな毎日を送り、どんなことを実感しているのでしょう？
保育者として活躍するようになったいまだからこそ、
「保育者」を目指すみなさんへ贈りたいメッセージとは？
現場から届いた声に、耳を傾けてみませんか。

心の底から笑い合えるって、幸せなこと
保育所・石原 房美さん／43ページ

地域の親子を支えたい！
保育所・小澤 祐子さん／44ページ

子どもたちの笑顔が、僕の元気の源です
幼稚園・堀井 秀昭さん／45ページ

保育の仕事はチームワークが大切です
幼保連携型認定こども園・鳥海 啓子さん／46ページ

子どもの幸せを願い続けると、自分がいちばん成長させてもらえる
児童養護施設・梶田 寛人さん／47ページ

目標は、親子が地域で活き活きと生活できること
地域療育センター・小林 濃里子さん／48ページ

親子の1日を心温まるものにしたいから
子育て支援センター・本間 一江さん／49ページ

★登場するのは、
小田原短期大学 保育学科の教員たちが、「ぜひご紹介したい」と推薦した、素敵な保育者のみなさんです。
（勤務先は平成27年3月現在）

保育者からのメッセージ
保育所

私のプロフィール
石原 房美
資格：保育士、幼稚園教諭
勤め先：公立保育所

保育所とは？ ①
保護者に代わって乳児または幼児（主に0歳～小学校入学前）を保育する児童福祉施設で、管轄官庁は厚生労働省。保育時間は原則8時間とされていますが、施設によって対応はさまざまです。

心の底から笑い合えるって、幸せなこと

子どもの成長を間近に感じて

登園してくる子どもたちの一人ひとりが、元気いっぱい楽しく保育所での生活を送ることができるように、担当保育士と力を合わせて、日々の保育を実践しています。

子どもたちによりそい、毎日を過ごしていく中で、子どもたちそれぞれの成長・発達を間近に感じられること、そして"子どもたちの笑顔"が見られることが、何よりのやりがいになっています。

感動した、ハンドベルの発表会

ハンドベルの発表会で、年長児と『ドレミの歌』を合奏したときのことです。たった1回だけ登場する高音の「レ」のベルをどう分担するか、子どもたちと相談することにしました。その結果、「ド」を担当する子が「レ」のベルも持つことになりました。

本番では、ずっと隠していた「レ」の音のベル。担当した子が、晴れやかに、みごとに、そのベルを鳴らしたときには拍手喝采に包まれ、子どもたちも私も感動しました。

子どもと一緒に、自分も楽しみたい

子どもとともに活動していて思うことは、子どもたちはもちろん、自分自身も楽しいと感じられることが一番だということです。

心の底から笑えるということは、とても幸せなことだと思います。何かが上手くいっていないときは、なかなかそうは笑えません。子どもとともに、いつも素敵な笑顔でいたいと思います。

保育者を目指すあなたへ

いろいろなことに興味を持ちましょう

子どもの気持ちになって、いろいろなものに目を向けてみませんか。

むしろ子ども以上に、いろいろなことに興味・関心をもってほしいと思います。驚いたり感動したり、体験することの一つひとつが、貯えとなって、保育者としての毎日を豊かなものにしてくれるはずです。

実は私自身にもまだ知らないことがたくさんあります。これからもずっと、子どもたちと一緒に、楽しみながら学んで行きたいと思っています。

推薦者からのひとこと
金澤 久美子
（元 小田原短期大学 保育学科 講師）

初めてお目にかかったときから、温かいお人柄にほっと和みました。先生のお日様のようなまなざしの中で成長していく子どもたちも、指導をしていただける実習生も、幸せだなぁといつも感じています。

保育者からのメッセージ 保育所

私のプロフィール
小澤 祐子
昭和34年生まれ
資格：保育士、幼稚園教諭、小学校教諭
勤め先：私立保育所

保育所とは？ ②
認可保育所の中には通常の保育とは別枠で、家庭での保育が困難なときに子どもを預かる一時保育や特定保育といったサービスを担うところもあり、さまざまな形で子育て世帯をサポートしています。

地域の親子を支えたい！

たくさんの笑顔に会える！

勤務先は私立の保育所ですが、そこでは一時保育や子育て支援、中学生の職業体験、老人ホーム訪問などの窓口の仕事をしています。

子どもたちの無垢な笑顔はもちろん、中学生の体験学習では、初めは緊張し不安そうな表情から、やがては充実感あふれる笑顔に変わって行く様子、また、お年寄りの子どもに向ける温かい笑顔……とたくさんの笑顔に出会えることが楽しみです。

子どもに励まされることも

仕事で落ち込んでいたときのことです。私の名前を呼んでくれたことのない子が、初めて私の顔を見て微笑み、名前を呼んでくれたのです。私の表情から何かを感じ取ったのでしょうか。「がんばって」と励まされたようで、子どもの感受性の鋭さに心が熱くなり、元気をもらうことができました。

親子同士をつなぐパイプ役に

年5回、地域の親子を対象に「遊びの広場」を実施しています。親子の1対1のつながりから、子ども同士、親子同士が関わりを持つパイプ役になれるよう、また、母親が普段とは違う子どもの姿を発見したり、同じ目線で一緒に遊ぶことで楽しさや感動を共有できるように援助しています。

小田原短大の先生方にも協力していただき、この「遊びの広場」は毎回大好評。リピーターも多く、たくさんの親子に利用してもらえることが何よりの喜びです。

保育者を目指すあなたへ

五感や感性を磨いていますか？

何気ない日常の中でも小さな事柄に目を向けてみませんか。

日々、移り変わる空の色や雲の形、そのダイナミックな変化を楽しんだり、いつも通る道端で愛らしい表情で心和ませてくれる四季折々の草花を眺めたり、甘い花の香りをかいだり、木々の鮮やかな緑を感じとったり……。

心の余裕を持ちながら、いろいろなことに目を向け、五感や感性を磨いていくことも保育者として大切なことだと思います。

推薦者からのひとこと
有村 さやか
（小田原短期大学 保育学科 准教授）

柔らかな笑顔の先生は地域のお母さんたちの頼れる存在で、子育ての相談に温かく応えています。保育者のキャリアを積まれた現在も、保育の研究に熱心で、論文執筆や研究発表をなさっています。

保育者からのメッセージ
幼稚園

私のプロフィール
堀井 秀昭
昭和59年生まれ
資格：幼稚園教諭、保育士
勤め先：私立幼稚園

幼稚園とは？
未就学児（主に3歳〜小学校入学前）の教育を行う教育施設で、管轄官庁は文部科学省。時間帯は9時〜14時を標準に、さらに時間を延長して預かり保育を行う施設も増えています。

子どもたちの笑顔が、僕の元気の源です

私の1日
- 6：00　起床
- 7：30　幼稚園に到着
- 8：00　朝礼（職員）
- 8：10　子どもたちが登園し始める（バス登園なので、時間はバラバラです）
- 8：20　子どもと好きな遊びをする
- 9：30　合唱や製作などの主活動
- 10：30　がんばりタイム（全園児でのマラソン）をする
- 11：00　園庭で遊ぶ
- 12：00　昼食
- 14：00　子どもが降園し始める
- 15：00　保育室の掃除
- 15：30　終礼（職員）
- 16：00　保育の準備や会議など
- 19：00　帰宅

父親のように愛される存在に
数少ない男性教諭として、力仕事はもちろんですが、子どもたちには幼稚園内の父性を感じてほしいと心がけています。時に厳しく、時に友だちのように楽しく、時に父親のような包容力で、子どもたちに愛される存在になりたいと思っています。

保育者を目指すあなたへ

得意分野をつくりませんか

難しいこと・大変なことがとても多い職業ですが、毎日元気をくれる子どもたちと触れ合えるとても素敵な仕事です。本気で笑って、本気で泣いて、本気で楽しんでみませんか？
　もし保育者を目指すのであれば、ピアノの練習はやり過ぎるということはありません。童謡だけではなく、自分の好きなポップソングやクラシックなども、卒園式や発表会などで役に立つ時があります。そして、絵画造形や絵本の読み聞かせ等の保育技術を、学校の講義だけではなく、自分で学んでいくことも大切です。保育の引き出しを増やして自分だけの自慢できる得意分野をつくりましょう。きっと現場でも使える力になりますよ。

がんばった分だけ返ってくるもの
この仕事のやりがいは、「自分ががんばった分だけ子どもたちから返ってくるものがある」ということです。
日々、保育準備や行事に向けて、他の先生方と話し合いをしていくなかで、どうやったら子どもたちが楽しく充実して過ごすことができるのかを研鑽していきます。すると、それらは子どもたちからの笑顔や愛情で返ってきます。体力を使う仕事ですが、どんなに疲れていても、プライベートで辛いことがあったときでも、子どもたちが登園してくると、自然と毎日元気になり、自分自身にも笑顔があふれてきます。

感激した、子どもの言葉
男児が友だちに暴力を振るってしまったことがあります。何度も注意してきたことだけに、その日はかなり強く叱りました。その子は大泣きしましたが反省したようで、保護者にもきちんと事情を説明しました。翌日、保護者から話を聞くことができました。彼は「堀井先生は怒ると一番恐いけど、一緒に遊んだら一番楽しい。だから一番好き！」と言ってくれたそうです。今でも忘れられないエピソードになりました。

推薦者からのひとこと
上野 奈初美
（小田原短期大学 保育学科 教授）

保育における「父性」を常に意識して仕事をしている堀井先生の奮闘に期待しています。子どもたちのパワーに負けないで！

保育者からのメッセージ

幼保連携型認定こども園

私のプロフィール
鳥海 啓子
昭和35年生まれ
資格：保育士、幼稚園教諭
勤め先：幼保連携型認定こども園

幼保連携型認定こども園とは？
子どもの教育・保育・子育て支援を、総合的に提供する施設（都道府県が認定）として、平成18年にスタート。幼稚園と保育所の良いところを活かしながら、その両方の役割を担っています。

保育の仕事はチームワークが大切です

他の仕事では味わえない喜び
「先生、見て！」。子どもが何か新しい発見をしたときの瞳はキラキラ輝いています。そんな子どもたちと一緒に毎日を過ごし、一緒に感動したり、日々変化し進化する子どもたちの成長を身近に感じたり。子どもたちのピッカピカの笑顔に出会うたびに、他の仕事では決して味わえない喜びを感じています。

サポーターの気持ちを忘れずに
保育者の仕事は、ひとりではなくチームを意識しながら進めていく仕事なので、いかに周りを巻き込んでいくか、協働していくかが大切だと思います。ときには先生たちと、そして日々子どもたちと一緒に活動しながらつくり上げていきますが、あくまでも主役は子どもたち。私は常にサポーターの気持ちを忘れずにいたいと思っています。

卒園児たちが開いてくれたクラス会
この道一筋、ン・・・十年、先日22年ぶりに卒園児たちがクラス会を開いてくれました。
集まった子どもたちはみんな素敵な大人に成長していて、とても嬉しかったです。それ以上に嬉しかったのは、子どもたちがみんな園児時代のことをとてもよく覚えていたことです。
なんだか時代がタイムスリップしたかのように、発表会や運動会のこと、普段の保育のことなど……、まるで昨日のことのように話しながら、幸せな時間を過ごすことができ、「私は本当に幸せ者だな〜♡」と、実感しました。

保育者を目指すあなたへ

「素直であること」は、究極の知性です

音楽（歌や楽器など）、運動、工作や絵画、この仕事で役に立つことはたくさんあります。もちろん、仕事を始めてから、必要に迫られて習いにいく人もいますが、可能であれば早くから身につけておいたほうが良いと思います。
保育者としての技術や技能を身につけることは大切ですが、もっと大切なのは、「人の話を素直に聴くことができるかどうか」ということだと思います。
「素直＝究極の知性」といわれていますし、「人の話を素直に聴くこと」は、成長への近道だと思います。

推薦者からのひとこと
野津 直樹
（小田原短期大学 保育学科 准教授）

初めてお会いしてから6年が経ち、互いに立場は変化していきましたが……、いつでもすぐ目の前にいる子どもたちのことを真剣に、温かく見守り続ける、その姿が鳥海先生の一番の魅力です！ とても素敵な先生です。

保育者からのメッセージ
児童養護施設

私のプロフィール
梶田 寛人
昭和54年生まれ
資格：保育士、幼稚園教諭
勤め先：児童養護施設

児童養護施設とは？
保護者のいない子どもや家庭での養育が困難な子ども（主に2歳〜18歳）に安定した生活環境を整え、養護する児童福祉施設。子どもたちの健やかな成長とその自立を支援する機能を持っています。

•••• 子どもの幸せを願い続けると、自分がいちばん成長させてもらえる ••••

子育ては「いい大人を育てる」仕事

子育ては「いい子を育てる」仕事ではなく、「いい大人を育てる」仕事です。

日々の子どもとの関わりは自問自答の繰り返しですが、そんなたくさんの思いで育てた子どもたちが立派な大人になった姿を見たとき、この仕事のやりがいを感じることができます。

責任を感じ、退職を考えたことも

担当していた子どもが問題を起こし、自立支援施設や鑑別所に行ってしまったことがあります。

そのときは、自分自身責任を感じて退職することを考えました。でもその子が施設に帰ってきたとき、自分の未熟さを謝ってから辞めることにしようと考え、何年も帰りを待っていました。そして数年たったある日、子どもたちは涙ながらに謝罪をしてくれた上に、施設に留まるよう、私を説得してくれたのです。

子どもたちの幸せを願い続けると、いつの間にか自分がいちばん子どもたちに成長させてもらえる……、そういう仕事なんだと実感しました。

子どもたちが、夢を叶えてくれる

人間の最大の敵は「無関心」です。だからとことん、子どもとその子が興味を持っているものに関心を持って接することを大切にしています。その結果、私も本当に多趣味になりました。

でも今は、このたくさんの趣味の引き出しから、巣立っていった子どもたちがその道のプロとなり、さまざまな夢を叶えてくれています。

保育者を目指すあなたへ

人生経験をいっぱい積んでください

「求不得苦（ぐふとくく）」という私が大切にしている言葉があります。求めているものが得られない苦しみ、求めても得られるものは苦しみばかりです。

だからこそ、私たち保育者は、子どもたちに対して「いつわかってくれるんだ！」と悩むことより、大きな心で与え、伝え続ける力が必要です。

子どもたちに影響を与え続けられるだけの人生経験を、学生のうちにいっぱい積んでおいてください。良いことも悪いことも……。

すべての経験が役に立つ仕事……、それがこの児童養護施設の最大の魅力なのかもしれませんね。

推薦者からのひとこと
吉田 収
（小田原短期大学 保育学科 教授）

「児童養護施設」は、いろいろな事情がある子どもたちが過ごす施設です。子どもたちを取り巻いてきた環境に怒りをもって接する姿勢を持ち、一人ひとりにしっかりと向き合う、情熱のある指導員です。

保育者からのメッセージ
地域療育センター

私のプロフィール
小林 濃里子
昭和46年生まれ
資格：保育士
勤め先：地域療育センター

地域療育センターとは？
発達の障害などがある子どもを対象に、外来診療、通園での発達支援、さまざまな療育相談など、地域療育を総合的に行う専門機関で、家族が安定した生活ができるようサポートしています。

目標は、親子が地域で活き活きと生活できること

家族と、喜びを共有

発達に何らかの遅れや、日常生活を送る上で手助けを必要としているお子さん・ご家族に、小集団での『療育』を行っています。少しずつでもわかること・できることを積み重ねていきながら、お子さんもご家族も「地域で活き活きと生活できること」を目標に、遊びやプログラムを実施しています。

「楽しい！」という実感を大切に

私はお子さんにとって「楽しい」「興味がもてる」内容を用意できているか、という視点を大切にしています。教えたいことは山ほどありますが、「やってみたい！」と思えなければ、なかなか身につかないものです。そこで、積極的に場を盛り上げたり、プログラムへの助言を行ったりしています。

忘れられない、ご家族の涙

新奇（目新しい）場面に強い不安を感じるお子さんがおり、行事のときは特に部屋に入ることも難しくなる様子が見受けられました。1年目は行事に参加できず、2年目は見通しがもてるように工夫した結果、部屋には入り、見るだけの参加。そして3年目。ついに笑顔ですべての行程に参加できました。本人の笑顔とご家族の嬉し涙が忘れられません。

それぞれのお子さんに好きなこと、得意なことがありますが、日常生活で苦労していることも多くあります。どうやって伝えたらわかってもらえるかな、と試行錯誤の毎日です。そんな中、「わかった！」「できた！」と、とびきりの笑顔をみせてくれたとき、そして、ご家族と喜びを共有できたとき、仕事を続けていてよかったと感じます。

保育者を目指すあなたへ

コミュニケーション力を養いましょう！

子どもと関わる仕事を選ぶ方々はきっと、「人」と関わることも好きなのだと思います。
素敵な保育者になるために、たくさんの人と出逢い、価値観に触れてください。その中で生まれてくる、大切にしたいことや想いをあたためていってください。

保育者として働く場はいろいろありますが、どんな環境にあっても求められるのは『コミュニケーション力』です！！
豊かなコミュニケーション力を養ってください。

推薦者からのひとこと
吉田 眞理
（小田原短期大学 学長）

「地域療育センター」は、障害がある幼児のための施設です。小林さんは、横浜にあるこの施設で子どもたちの療育に熱心に取り組んでいる素敵な保育士さんです。

保育者からのメッセージ
子育て支援センター

私のプロフィール
本間 一江
昭和37年生まれ
資格：保育士、幼稚園教諭、小学校教諭
勤め先：子育て支援センター

子育て支援センターとは？
就学前の子どもとその家族が自由にくつろげる「ひろば」を始め、子育て相談や情報提供、子育てサークルの育成・支援、育児講座などを行う、地域子育ての拠点となる施設です。

親子の1日を心温まるものにしたいから

親子によりそい続けて

子育て支援という正解のない分野で、子育て中の親の喜びや悩みに対して、同じ時を共有し、共感し、一緒に過ごしています。

その中で親が迷いながらも自分らしい子育て方法を見つけて笑顔を見せてくれた時に、その親子に寄り添い、関わることができて良かったと心から思います。この仕事だからこそのやりがいを実感できるのもこういうときです。

絵本で、ホッと一息

毎日3時30分になると、親子でおもちゃを片付けた後、ひろばの本棚から絵本を選んで読み聞かせをしています。最近では、小さい子どもたちが本棚から自分で読んで欲しい本を選び、「これ！」と言って持ってきてくれるようになりました。

にぎやかだったひろばがホッと一息つくようなこの絵本の時間を通して、ここでの1日が心温まるものとなり、「また明日も来たいね」と、親子で手をつないでの帰り道になれば嬉しいです。

子どもの成長は大きな喜び

生後2カ月でひろばデビューしたCちゃんという女の子。すやすやと良く眠る赤ちゃんでした。それが、気がつけばもうすぐ2歳に。トコトコ歩いて来て、私の口元におままごとの食べ物を「モグモグよ」というような表情で差し出します。何とも愛らしい姿に、心が和みます。

ひろばにはたくさんの親子が来てくれますが、すべてのお子さんの成長は、私たちアドバイザーにとっても大きな喜びです。

保育者を目指すあなたへ

失敗を恐れないで！

保育者として私が大切だと思うことは3つあります。
① 子どもが好きなこと。
② 保育に対する情熱や専門家としての力量、総合的な人間力があること。
③ 人として素直で、学び続ける努力ができること。

学生の間は、しっかり理論を身につけることが大切です。その後、現場に出るようになったら、失敗を恐れないこと。失敗から多くのことを学びとって「誰からも信頼される保育者になること」を目指して欲しいと思います。

推薦者からのひとこと
内山 絵美子
（小田原短期大学 保育学科 講師）

人一倍の仕事に対する熱意、その大変さを少しも感じさせない優しい笑顔。常に親子によりそった温かい支援を考えておられます。地域の暮らしを縁の下から支え続ける力強い味方です。

資料　子どもたちと楽しく遊ぶための教材

保育の現場では、子どもたちの興味を引き、想像力を引き出すさまざまなツールが使われています。保育者が手作りすることもあれば、仕掛けのアイデアや工夫が楽しい既製の教材もあります。ここではそのいくつかをご紹介しましょう。

■ パネルシアター

パネルシアターとは、パネル布を貼った板を舞台に見立て、登場人物や動物などの絵を不織布に描いて、貼ったりはずしたりしてお話やゲーム、歌あそびなどを展開する表現法です。子どもたちの人気も高く、いま保育現場で大活躍している教材です。

■ 歌詞カードなど

子どもたちにわかりやすいように、模造紙などで歌詞カードを作ります。これも温かみのある手作り教材といえます。子どもたちは歌が大好き。みんなで一緒に歌うと、どんどん楽しくなって、元気がわいてきます。

■ 大型絵本

たくさんの子どもたちと楽しめる大きなサイズの絵本があります。迫力ある絵を見ながらお話を聞いていると、子どもたちはいつの間にか物語の世界へ。うれしくなったり、ドキドキしたり。友だちと一緒だと笑いも感動も大きくなって、気持ちも盛りあがります。

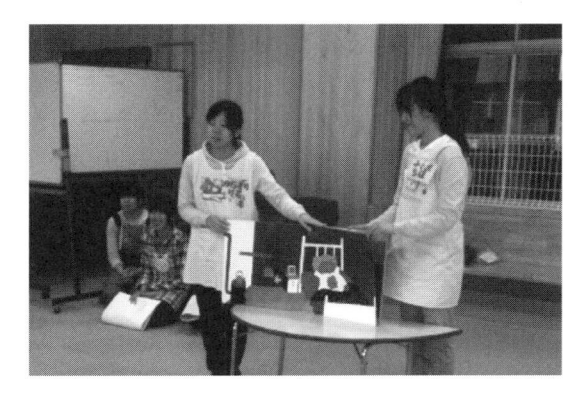

■ 楽器

幼児でも楽しめる楽器があります。写真の中央、赤ちゃんが見ているのが卵形のマラカスです。とても軽く、振るだけでシャカシャカと音が出るので、赤ちゃんでもリズム感を楽しむことができます。また、遊びながら握る力もついていくので、運動能力を引き出すサポートにもなります。

描画材

【絵の具】

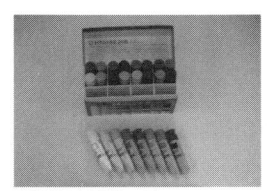

不透明水彩絵の具

透明水彩絵の具

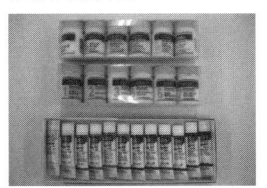

アクリル絵の具

油絵の具

　乾燥時間が数日程度と長いため、絵の具の微妙な混合（混色）やぼかし、拭き取りなどが容易です。明朗で光沢のある濡れ色の画面や、絵の具を盛り上げるなどした重厚な画面制作ができます。

不透明水彩絵の具（マット絵の具）

　一般的な水彩絵の具のこと、厚塗りや塗り重ねができます。

透明水彩絵の具

　顔料の粒子が細かく、薄く塗っても色が鮮やかで、色の伸びが良いのが特徴です。薄塗りで使用し、混色も重ね塗りで色を重ね、発色させます。

アクリル絵の具

　水溶性の乾きが早い絵の具です。水彩絵の具の特性を持つと同時に、油絵の具のように厚塗りや重ね塗りができ、乾くと耐水性があります。

【鉛筆、パス類】

色鉛筆

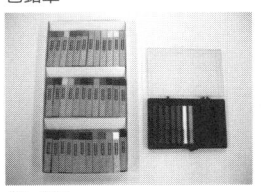

クレパス

パステル、コンテパステル

色鉛筆

　ほとんどの紙に描くことができ、色が鮮やかでデザイン、描画と幅広く適用します。一般的な色鉛筆をポリカラー（写真左下）、水溶性の色鉛筆で、画用紙に塗った色に水を含ませると水彩絵の具のようになるアクアカラー（写真右上）、パステルが芯のチョークペンシル、クレヨンと色鉛筆の中間で、スティック状のクーピー（写真左上）があります。

クレパス、コンテ

　クレパス（サクラの登録商標パス類）は、棒状で持ちやすく容易に扱える描画材です。線描や面塗りが可能で、塗り方によっては柔らかい線、紙の質を活かした薄塗り、重厚な厚塗りによってさまざまなマチエールを作ることができます。

　コンテ(右)は「クレヨンコンテ」の略称。黒、白、赤茶、焦茶の4色、クロッキーやデッサンの描画材として使われます。

パステル、コンテパステル

　パステル（下）は顔料の美しさを発揮でき、発色のよい描画材。高明度で淡く、明色、明灰色の柔らかい色調になります。ただし、折れやすく、定着し難い欠点があり、それを解消したのがコンテパステル(上)です。

資料
子育て支援センターを のぞいてみませんか？

保育者が活躍する場に子育て支援センターがあります。たくさんの赤ちゃんとお母さん、お父さんが遊んでいます。ボランティア活動ができるセンターもあります。あなたも一度、子育て支援センターに出かけてみませんか？

■ マロニエ子育て支援センター ■

小田原市にあるマロニエ子育て支援センターは、0歳児～未就学児とその保護者が利用できる地域子育て支援の拠点で、小田原短期大学が運営しています。木をたくさん使った明るく心地よい空間に、いつも親子やボランティアスタッフの笑顔があふれています。

小田原市の「地域子育て支援拠点事業」として運営されています。

「マロニエ子育て支援センター」では、次のようなことをしています。

① 子育てひろば	子育て中の親子が自由に遊んだり、おしゃべりをしたり、くつろいだ時間を過ごすことができます。
② 相談	子育て相談、栄養相談、保育相談、心理相談など、さまざまな子育ての悩みに対応しています。
③ 情報提供	子育てに関する情報の提供、絵本の貸し出し、幼稚園・保育所等の入園に関するご案内をしています。
④ イベント	赤ちゃんデー、ヨチヨチデー、お誕生会、絵本の読み聞かせ、子育てに役立つ講座などを開催しています。

子育て支援センターでのボランティアの役割

① 子どもの遊び相手になる。
② 保護者と話をする。
③ 自分のそばにいる子どもに対して、絵本の読み聞かせや紙芝居などをする。
④ 保護者がトイレに行くなどその場を離れるときは、子どもを見ている。
⑤ イベントスタッフとしてイベントの開催に協力する。
⑥ 職員の手伝いをする。

楽しく、充実感の持てるボランティア活動です。

中高生のためのボランティア研修

保育者を目指す人たちが、マロニエ子育て支援センターでボランティア活動できるように、小田原短期大学では、中高生ボランティアのための研修を行っています。

研修では子どもたちとどう接したらいいかも学べます。

研修の内容（例）

時間	内容
10：00～10：10	挨拶 ボランティア活動&この研修について
10：10～10：40	0～2歳児と遊ぼう
10：40～11：10	3～5歳児と遊ぼう
11：10～11：15	休憩
11：15～11：45	子育て支援センターでの活動について
11：45～11：55	マロニエ&市内の子育て支援活動の紹介
11：55～12：00	アンケート
ボランティア登録	

研修を受けても活動義務が発生するわけではありません。研修後に「ボランティア活動がしたいな！」と思ったら、ボランティア登録をしてください。あなたに合った活動をご紹介します。

ボランティアとして活動する場所や時間は、相談のうえ、自分の希望に合わせて決めることができます。

ヒントがいっぱい　よくわかる、心にひびく、はじめの一歩

保育入門テキスト

2015年3月13日 初版 第1刷発行
2017年1月15日 初版 第2刷発行
2017年6月30日 第2版 第1刷発行
2020年2月27日 第3版 第1刷発行

Ⓒ 編集：小田原短期大学 保育学科　http://www.odawara.ac.jp/
　　著者：内山絵美子・吉田収・上野奈初美・有村さやか・馬見塚昭久
　　　　　・杉﨑雅子・野津直樹・上野文枝

〒250-0045 神奈川県小田原市城山 4-5-1　Tel. 0465-22-0285
発行者：服部直人
発行所：萌文書林　http://houbun.com/
〒113-0021 東京都文京区本駒込 6-25-6　Tel. 03-3943-0576
印刷：モリモト印刷株式会社

ISBN978-4-89347-214-4

＊乱丁・落丁本はお取り替えいたします。
＊定価はカバーに表示されています。
＊本書の内容の一部または全部を無断で複写（コピー）することは、
　法律で認められた場合を除き、著作権及び出版社の権利の侵害になります。
＊本書からの複写をご希望の際は、予め小社宛に許諾をお求めください。

このテキストは、神奈川県との共同事業契約（平成22年度、23年度）による
『高大連携「保育者養成導入講座」事業』で実施した講座の内容を
一般的な教科書として使えるように編集したものです。